Liderazgo Consciente y Acción Transformadora

Liderazgo Consciente y Acción Transformadora
Primera edición: Noviembre de 2024

D.R. José Manuel Vega Báez
@jmvegabaez en redes sociales
Ciudad de México
www.seriecima.com
info@seriecima.com
Imágenes: freepik.com

Índice

Introducción 5

(1) Autoconsciencia 13

(2) Relaciones Auténticas 25

(3) Empatía y Compasión 37

(4) Gestión Emocional 53

(5) Resiliencia 69

(6) Inspiración y Motivación 85

(7) Expansión de la Consciencia 101

Sobre los Autores 119

Introducción

Imagina a un líder observando la situación en su empresa: metas claras, estrategias bien diseñadas, equipos competentes y resultados aceptables. Pero, a pesar de todo, algo parece faltar. Las relaciones en su equipo son superficiales, las personas están desmotivadas y, aunque el trabajo se realiza, la chispa de inspiración y el sentido de propósito se han ido apagando. Este líder se pregunta por qué, a pesar de aplicar técnicas y herramientas de gestión efectivas, no logra crear un entorno vibrante y comprometido.

En un mundo que cambia rápidamente, donde los desafíos son cada vez más complejos y las expectativas van más allá del éxito financiero, el liderazgo efectivo necesita algo más. No se trata solo de alcanzar metas, sino de liderar con consciencia y propósito, de crear entornos donde las personas se sientan valoradas, inspiradas y conectadas con una misión significativa.

Este libro es una invitación a recorrer un camino hacia un liderazgo que transforma no solo resultados, sino también vidas. A través de conceptos claros, herramientas aplicables y casos prácticos, exploraremos cómo la expansión de la consciencia en el liderazgo puede abrir nuevas posibilidades. Los capítulos de este libro están diseñados para acompañarte en un viaje personal y profesional que te permitirá profundizar en tu autoconocimiento, fortalecer tus relaciones y desarrollar un liderazgo que inspire y motive de manera genuina.

En el primer capítulo, comenzamos con la autoconsciencia, la base fundamental del liderazgo consciente. Aquí, descubrirás cómo el conocimiento profundo de uno mismo permite a los líderes actuar con autenticidad y alinearse con sus valores más profundos, estableciendo así un liderazgo genuino y confiable.

En el segundo capítulo, nos adentramos en la importancia de crear relaciones auténticas. Aprenderás cómo cultivar conexiones genuinas que se basen en la transparencia y el respeto, construyendo puentes hacia una comprensión mutua y un sentido de pertenencia en el equipo.

El tercer capítulo está dedicado a la empatía y la compasión, las esencias de un liderazgo verdaderamente humano. Aquí, veremos cómo conectar emocionalmente con el equipo y cómo esa conexión genera un ambiente de trabajo armonioso y lleno de apoyo.

El cuarto capítulo profundiza en la gestión emocional, la clave para liderar con sabiduría. Serás guiado a través de técnicas para regular tus emociones y mantener el equilibrio incluso en los momentos más desafiantes.

En el quinto capítulo, exploramos la resiliencia, la capacidad de superar desafíos y crecer a partir de la adversidad, un aspecto crucial del liderazgo en tiempos de incertidumbre.

El sexto capítulo se centra en la inspiración y la motivación, herramientas clave para liderar con impacto y lograr que los equipos den lo mejor de sí mismos, incluso en los momentos difíciles.

Finalmente, en el séptimo capítulo, exploramos la expansión de la consciencia: el paso final hacia un liderazgo que trasciende los objetivos individuales y se enfoca en el bienestar de la organización, la comunidad y el planeta.

A medida que avances en cada capítulo, no solo descubrirás técnicas y conceptos, sino también casos basados en hechos reales que ilustran cómo estos principios han sido llevados a la práctica por líderes en diversas situaciones. Verás cómo cada uno de ellos ha enfrentado desafíos, ha aprendido de sus errores y ha crecido gracias a una consciencia más amplia y profunda. Es un recordatorio de que el liderazgo consciente no es una meta inalcanzable, sino un proceso continuo de crecimiento personal y profesional que puede transformar realidades.

Este libro está diseñado para que lo leas de manera reflexiva, cuestionando y explorando cada concepto desde tu propia experiencia. En el camino, te invitaremos a detenerte, a observar tus propias emociones y decisiones, y a identificar las áreas en las que puedes aplicar lo aprendido. Quizá descubras que ciertos aspectos de tu liderazgo necesitan evolucionar, o tal vez encuentres en estas páginas una confirmación de lo que ya has comenzado a construir. No importa en qué punto te encuentres; el liderazgo consciente es un camino para todos aquellos que buscan un impacto más profundo y significativo.

Recuerda que el liderazgo transformador no solo beneficia a tu equipo o a tu organización. En última instancia, te transforma a ti. Un líder consciente es, ante todo, un ser humano que conecta con su propósito, que inspira y guía, y que, al final del día, contribuye a un mundo mejor. A través de estas páginas, te invitamos a explorar ese poder transformador en ti y a dar los pasos necesarios para liderar con un propósito que trascienda.

Sumérgete en la lectura, cuestiona, reflexiona, y sobre todo, disfruta del viaje. Este es un espacio para expandir tu consciencia, descubrir nuevas perspectivas y fortalecer tu capacidad de inspirar y motivar a los demás. Al final de esta travesía, estamos seguros de que tendrás no solo una visión más clara del liderazgo consciente, sino también las herramientas para ponerlo en práctica y convertirlo en el eje de tu acción transformadora.

¡Bienvenido a una nueva ruta en tu camino de liderazgo!

José Manuel Vega Báez y Doraly Mayorga

(1) Autoconsciencia
La base en un liderazgo consciente

En el vasto y complejo universo del liderazgo, donde la influencia y la dirección son moneda corriente, la autoconsciencia emerge como una luz guía, iluminando el camino hacia un liderazgo más efectivo y auténtico. Desde los albores de la civilización hasta la era moderna, el liderazgo ha sido objeto de profunda reflexión, investigación y debate. ¿Qué distingue a aquellos que lideran con maestría? ¿Cuáles son los ingredientes esenciales que conforman la receta del liderazgo efectivo? Estas interrogantes han impulsado a pensadores, académicos y líderes a explorar y desentrañar los misterios del liderazgo a lo largo del tiempo.

Históricamente, las teorías del liderazgo han transitado por diversos caminos, desde aquellos que enfatizan los rasgos individuales hasta los modelos más contemporáneos que reconocen la importancia del contexto y las relaciones interpersonales. Sin embargo, en el panorama actual, caracterizado por la aceleración del cambio y la creciente complejidad de los desafíos, un nuevo protagonista emerge en el escenario del liderazgo: la autoconciencia.

La autoconciencia, entendida como la capacidad de percibir y comprender nuestros propios pensamientos, emociones y motivaciones, se erige como un pilar fundamental en la construcción de un liderazgo consciente y transformador. En un mundo donde la toma de decisiones informadas, la gestión del estrés y la creación de relaciones auténticas son imperativos para el éxito, la autoconciencia se convierte en un recurso invaluable para los líderes que aspiran a trascender y dejar una huella positiva en su entorno.

Desde su impacto en la toma de decisiones estratégicas hasta su papel fundamental en el manejo del estrés y la construcción de relaciones genuinas, la autoconciencia emerge como una habilidad esencial para los líderes que buscan sobresalir en un entorno caracterizado por la incertidumbre y el cambio constante. Al explorar la autoconciencia como la base fundamental de un liderazgo consciente, te invitamos a reflexionar sobre tu propio viaje de autoconocimiento y a descubrir el potencial transformador que yace en tu corazón.

La autoconciencia va más allá de la mera percepción superficial de uno mismo. Se trata de un proceso de exploración interna que abarca la identificación y comprensión de nuestras emociones, motivaciones y valores más profundos. Los líderes autoconscientes tienen la capacidad de reflexionar de manera objetiva sobre sus propias fortalezas, debilidades, valores y creencias, lo que les permite comprender cómo estos aspectos influyen en su liderazgo y en sus relaciones con los demás.

La influencia de la autoconciencia se extiende más allá del ámbito profesional y se refleja en la calidad de vida personal de los líderes. Aquellos con un alto nivel de autoconciencia están mejor equipados para manejar el estrés, establecer límites saludables y cultivar relaciones más significativas y satisfactorias en todas las áreas de sus vidas. Esta capacidad deriva de su comprensión íntima de sus propias necesidades, valores y prioridades, lo que les permite tomar decisiones alineadas con su autenticidad y bienestar.

La autoconciencia no es un destino final, sino un viaje continuo de autoexploración y crecimiento personal. A través de diversas técnicas prácticas y ejemplos inspiradores, los líderes pueden iniciar este viaje diseñado para profundizar su autoconocimiento y despertar una mayor conciencia de sí mismos. Estas técnicas pueden incluir la meditación, la escritura reflexiva, la búsqueda de retroalimentación 360 grados y la realización de evaluaciones de personalidad o el eneagrama.

Los líderes que se comprometen con este viaje de autoexploración encuentran una ventaja competitiva invaluable en un mundo caracterizado por la incertidumbre y la complejidad. La autoconciencia fortalece su liderazgo al permitirles guiar a sus equipos con mayor empatía, comprensión y claridad de visión. Se convierte en un faro que los guía a través de las tormentas del cambio y la adversidad, proporcionándoles un ancla de estabilidad en un mar de incertidumbre.

Al desarrollar una conexión más íntima consigo mismos, los líderes son capaces de enfrentar desafíos con una serenidad interior que inspira confianza y resiliencia en aquellos que los rodean. Este viaje hacia la autoconciencia no solo transforma el liderazgo individual, sino que también tiene el potencial de catalizar un cambio más amplio dentro de las organizaciones y comunidades en las que operan.

En el viaje hacia un liderazgo consciente y transformador, la autoconciencia emerge como el faro que guía a los líderes a través de las turbulentas aguas del cambio y la adversidad. Desde la comprensión profunda de uno mismo hasta el impacto positivo en la calidad de vida personal y profesional, la autoconciencia se revela como un recurso invaluable para aquellos que aspiran a liderar con autenticidad y efectividad.

Al explorar las profundidades de la autoconciencia, hemos descubierto que este viaje de autoexploración no solo fortalece el liderazgo individual, sino que también tiene el poder de catalizar un cambio más amplio dentro de las organizaciones y comunidades en las que operan. Los líderes autoconscientes son capaces de guiar a sus equipos con empatía, comprensión y claridad de visión, inspirando confianza y resiliencia en aquellos que los rodean.

En un mundo caracterizado por la incertidumbre y la complejidad, la autoconciencia se convierte en un activo invaluable, proporcionando a los líderes un ancla de estabilidad en medio de la tormenta. A medida que continúan su viaje de autoexploración y crecimiento personal, los líderes conscientes se posicionan no solo para enfrentar los desafíos del presente, sino también para liderar el camino hacia un futuro más brillante y prometedor para todos.

El caso de María

María era una ejecutiva ambiciosa que había ascendido rápidamente en su carrera en una empresa de tecnología líder en el mercado. Sin embargo, a pesar de su éxito profesional, María comenzó a sentirse cada vez más desconectada de sí misma y de los demás. Se encontraba constantemente abrumada por el estrés, y sus relaciones tanto en el trabajo como en su vida personal comenzaron a resentirse.

Decidida a cambiar su situación, María se embarcó en un viaje de autoexploración y autoconocimiento. Comenzó a dedicar tiempo cada día a la meditación y la reflexión, permitiéndose desconectar del ajetreo constante de su vida profesional para conectarse consigo misma a un nivel más profundo. También buscó retroalimentación de colegas y amigos de confianza, quienes le ayudaron a identificar patrones de comportamiento y áreas de mejora que ella misma no había sido capaz de ver.

A medida que María profundizaba en su viaje hacia la autoconciencia, comenzó a notar cambios significativos en su liderazgo y en su vida en general. Se volvió más consciente de sus propias reacciones emocionales ante situaciones de estrés, lo que le permitió manejarlas de manera más efectiva y mantener una calma interior que inspiraba confianza en su equipo. Además, se dio cuenta de que alinearse con sus valores fundamentales le ayudaba a tomar decisiones más acertadas y a liderar con autenticidad.

Uno de los momentos clave en el viaje de María fue cuando tuvo que enfrentarse a una crisis en su equipo. En lugar de entrar en pánico o tratar de resolver el problema de manera impulsiva, María se tomó un momento para conectarse consigo misma y reflexionar sobre la situación desde una perspectiva más amplia. Esta pausa le permitió ver la raíz del problema y abordarlo de manera efectiva, lo que resultó en una solución exitosa y en una mayor cohesión dentro del equipo.

Con el tiempo, María se convirtió en un ejemplo de liderazgo consciente y transformador dentro de su organización. Su equipo la veía como una líder auténtica y empática, capaz de guiarlos con claridad y comprensión incluso en los momentos más difíciles. Además, su compromiso con la autoconciencia se reflejaba en su vida personal, donde encontró un mayor equilibrio y satisfacción en sus relaciones y en su bienestar general.

El caso de María ilustra cómo el viaje hacia la autoconciencia puede transformar no solo el liderazgo individual, sino también el impacto que tenemos en nuestro entorno y en las personas que nos rodean. Al dedicar tiempo y esfuerzo a conocerse a sí misma y a alinear sus acciones con sus valores más profundos, María logró no solo superar los desafíos profesionales, sino también encontrar una mayor felicidad y sentido en su vida. Su historia nos recuerda el poder transformador de la autoconciencia en el liderazgo y nos inspira a todos a embarcarnos en nuestro propio viaje hacia la autenticidad y el crecimiento personal.

Cuestionario de auto verificación

1. ¿Cuál es la importancia de la autoconciencia en el liderazgo según el contenido del capítulo?
2. Describe brevemente qué significa la autoconciencia y cómo puede influir en la toma de decisiones de un líder.
3. ¿Cuáles son algunas de las prácticas sugeridas para fomentar la autoconciencia en los líderes?
4. ¿Cómo puede la autoconciencia beneficiar tanto la vida profesional como la personal de un líder?
5. Basándote en el caso de estudio proporcionado, ¿cómo la autoconciencia ayudó a María a convertirse en una líder más efectiva y auténtica?

(2) Relaciones Auténticas
Construyendo puentes hacia la comprensión

¿Desde dónde construyes tus relaciones: desde el juicio o desde la consciencia? Esta pregunta es más que un simple ejercicio de reflexión; es una ventana hacia la esencia misma de las relaciones auténticas en el mundo del liderazgo. La forma en que interactuamos con los demás, ya sea desde una perspectiva de juicio superficial o desde una comprensión profunda y genuina, moldea significativamente la calidad de nuestras conexiones y el impacto que tenemos en nuestro entorno.

En el ámbito laboral, las relaciones son la columna vertebral de la productividad y el bienestar de los empleados. Sorprendentemente, el 75% de los empleados renuncian a sus trabajos debido a problemas de relación con sus superiores, mientras que más del 80% declara no ser feliz en su trabajo. Estas cifras son más que estadísticas; reflejan una realidad palpable que subraya la importancia crucial de establecer relaciones saludables y auténticas en el lugar de trabajo.

¿Qué pasaría si nuestros entornos laborales estuvieran impregnados de relaciones nutricias? Desde las interacciones más íntimas hasta las dinámicas organizacionales más complejas, la capacidad de forjar relaciones auténticas se convierte en un distintivo crucial del liderazgo consciente que busca tejer redes de crecimiento y desarrollo.

Las relaciones genuinas, basadas en la transparencia, confianza y respeto mutuo, no solo fortalecen los lazos entre individuos, sino que también fomentan un sentido de pertenencia y colaboración en todo el espectro organizacional. En un mundo interconectado y dinámico, donde la capacidad de adaptación y la agilidad son requisitos indispensables, construir y mantener relaciones auténticas se posiciona como una habilidad esencial para líderes que buscan destacar en entornos caracterizados por la incertidumbre y el cambio constante.

En el tejido de las relaciones auténticas, la vulnerabilidad se erige como una fortaleza y la empatía como un puente hacia una comprensión mutua más profunda. Los líderes que abrazan la autenticidad en sus interacciones establecen un espacio seguro donde las diferencias son celebradas y el diálogo abierto es bienvenido. A continuación exploraremos algunos atributos sobre los cual se construyen relaciones duraderas y significativas en el liderazgo consciente.

1) Los líderes comprometidos con relaciones auténticas entienden que la transparencia es esencial para cultivar la confianza mutua y el respeto genuino. Al ser transparentes sobre sus valores, motivaciones y emociones, crean un terreno fértil para una comunicación abierta y honesta. Esta transparencia no solo fomenta un ambiente de colaboración, sino que también promueve un sentido de pertenencia y conexión que impulsa el compromiso y la productividad del equipo.

2) La construcción de relaciones genuinas requiere una atención activa a las necesidades y preocupaciones de los demás. A través de la escucha activa y la comunicación clara, los líderes fortalecen el vínculo con sus equipos y fomentan un sentido de pertenencia y cohesión. Esta práctica crea un ambiente de confianza y seguridad

psicológica donde los miembros del equipo se sienten libres para expresar sus ideas, compartir sus preocupaciones y asumir riesgos calculados.

3) La creación de un ambiente de trabajo inclusivo y de apoyo estimula la innovación, la creatividad y el crecimiento personal y profesional. Varias empresas han demostrado que al cultivar relaciones auténticas, se promueve la innovación y se retiene el talento. Los líderes conscientes comprenden que la diversidad de perspectivas y la inclusión son ingredientes clave para el éxito organizacional y la sostenibilidad a largo plazo.

4) La construcción de relaciones auténticas demanda un compromiso constante por parte de los líderes. Implica estar genuinamente presentes, mostrarse auténticos y transparentes, y cultivar un sentido de vulnerabilidad compartida. Este proceso continuo requiere tiempo, dedicación y disposición para crecer y aprender junto con el equipo.

5) Es fundamental que los líderes mantengan coherencia entre su vida personal y profesional, siendo auténticos en todas sus interacciones. Esta integridad y coherencia fortalecen la confianza y el respeto, creando una base sólida para relaciones

significativas y satisfactorias tanto en el ámbito laboral como en otros aspectos de la vida.

Como lo hemos expuesto, la construcción de relaciones auténticas es un proceso dinámico y evolutivo que requiere esfuerzo y dedicación por parte de los líderes conscientes, en donde la vulnerabilidad se convierte en fortaleza y la empatía en un puente hacia una comprensión mutua más profunda. Al cultivar relaciones auténticas, los líderes no solo fortalecen el tejido social dentro de sus equipos y organizaciones, sino que también crean un entorno propicio para el crecimiento, la innovación y el éxito a largo plazo.

El caso de Ana

Se trata de una empresa de tecnología conocida por su enfoque innovador y su cultura empresarial centrada en las personas. Liderada por Ana, una ejecutiva comprometida con el desarrollo personal y profesional de su equipo, su empresa se ha destacado en un mercado altamente competitivo gracias a su énfasis en la construcción de relaciones auténticas y el liderazgo consciente.

Hace un par de años, la empresa experimentaba una alta rotación de personal y una disminución en la satisfacción de los empleados. A pesar de ofrecer salarios competitivos y oportunidades de crecimiento, muchos empleados se sentían desconectados y desmotivados, lo que afectaba la productividad y la moral del equipo.

Con el objetivo de abordar estos desafíos, Ana decidió implementar una serie de iniciativas basadas en los principios de liderazgo consciente y relaciones auténticas, para lo cual buscó el apoyo de unos amigos dueños de una firma de consultoría, que diseñaron un plan integral para transformar la cultura organizacional de su empresa.

1) Autenticidad y transparencia. Ana lideró con el ejemplo al compartir abiertamente su visión, valores y desafíos personales con el equipo. Fomentó un ambiente de confianza y apertura donde todos los empleados se sintieran libres de expresarse sin temor al juicio.

2) Escucha activa y comunicación clara. Se establecieron canales de comunicación abiertos, como sesiones de retroalimentación regulares y encuestas anónimas de satisfacción del empleado, para fomentar la participación y la colaboración. Ana y su equipo de liderazgo practicaron la escucha activa y se comprometieron a abordar las inquietudes del equipo de manera proactiva.

3) Innovación y crecimiento. Se promovió un ambiente de trabajo inclusivo y de apoyo, donde se alentaba a los empleados a asumir riesgos y explorar nuevas ideas. Se implementaron programas de desarrollo profesional y se ofrecieron oportunidades de capacitación para fomentar el

crecimiento personal y profesional de los empleados.

Después de un año de implementación de estas iniciativas, la empresa de Ana experimentó una notable transformación en su cultura organizacional y desempeño empresarial, obteniendo estos resultados:

- La rotación de personal disminuyó en un 30% y la satisfacción de los empleados aumentó significativamente.

- Se observó un aumento en la colaboración y la cohesión del equipo, lo que se reflejó en un aumento del 20% en la productividad y la calidad del trabajo.

- La empresa experimentó un aumento del 15% en la retención de clientes y una mejora en la reputación de la empresa en el mercado.

El caso de Ana y su empresa demuestra cómo la implementación de prácticas de relaciones auténticas puede tener un impacto significativo en el rendimiento y la cultura de una organización. Al priorizar la autenticidad, la transparencia y la comunicación efectiva, la empresa pudo superar sus desafíos y lograr un crecimiento sostenible a largo plazo. Este enfoque en las relaciones humanas no solo benefició a los empleados individualmente, sino que también fortaleció el tejido social de toda la organización, creando un ambiente de trabajo más positivo y productivo para todos.

Cuestionario de auto verificación

1. ¿Cuál es el papel fundamental de la autenticidad y la transparencia en la construcción de relaciones auténticas en el liderazgo consciente?
2. ¿Cómo pueden los líderes fomentar un ambiente de confianza y seguridad psicológica en sus equipos a través de la escucha activa y la comunicación clara?
3. ¿Por qué se considera que la innovación y el crecimiento prosperan en un ambiente de trabajo inclusivo y de apoyo?
4. ¿Qué significa que la construcción de relaciones auténticas demanda un compromiso constante por parte de los líderes?
5. ¿Por qué es importante mantener coherencia e integridad entre la vida personal y profesional al cultivar relaciones auténticas en el liderazgo consciente?

(3) Empatía y Compasión
La esencia de un liderazgo humano

¿Te consideras una persona empática? ¿Te resulta fácil o difícil responder esta pregunta? En el capítulo anterior, hablamos sobre la importancia de crear relaciones auténticas, y para lograrlo, la empatía se vuelve fundamental. En el camino hacia un liderazgo consciente, la empatía y la compasión son componentes esenciales que nutren la conexión humana y promueven un ambiente de trabajo armonioso y productivo. Estos valores, a menudo subestimados en el ámbito corporativo, tienen un impacto profundo en la dinámica de equipo y en la capacidad de un líder para inspirar y guiar con autenticidad y eficacia.

La empatía es la capacidad de ponerse en el lugar del otro, de sentir y comprender sus emociones y perspectivas. Un líder empático no solo escucha, sino que también se sintoniza con los sentimientos y necesidades de su equipo. Según un estudio de la Universidad de Harvard, los líderes que practican la empatía tienen un 40% más de probabilidades de ser percibidos como efectivos por sus equipos.

La empatía se manifiesta en dos formas principales:

1) Empatía cognitiva. Es la capacidad de entender los pensamientos y perspectivas de los demás. Esta forma de empatía es crucial para la toma de decisiones y la resolución de conflictos, ya que permite a los líderes anticipar las reacciones y necesidades de su equipo. La empatía cognitiva ayuda a los líderes a ver más allá de las palabras y acciones, comprendiendo las motivaciones subyacentes y los desafíos que enfrentan sus colaboradores.

2) Empatía emocional. Es la capacidad de compartir y sentir las emociones de los demás. Esta forma de empatía ayuda a construir conexiones profundas y genuinas entre el líder y su equipo, fomentando un ambiente de confianza y apoyo mutuo. La empatía emocional implica una respuesta visceral a los estados emocionales de los demás, permitiendo a los líderes ofrecer un apoyo más personalizado y relevante.

El ser empático también es un arte porque, como líder, serás consciente de las necesidades de los otros y también de las tuyas. No se trata de dejarte en segundo plano, se trata de llevar tu nivel de conexión con tu equipo a un nivel más profundo. La empatía permite a los líderes equilibrar sus propias necesidades con las de su equipo, creando un entorno donde todos se sienten valorados y comprendidos.

Ahora bien, la compasión va más allá de la empatía. Se trata de la acción inspirada por la comprensión y el deseo de aliviar el sufrimiento o mejorar la situación de los demás. Un líder compasivo actúa con la intención de apoyar y elevar a su equipo, creando un entorno donde los empleados se sienten valorados y respaldados. Un estudio realizado por el Journal of Business Ethics revela que las organizaciones que fomentan un liderazgo compasivo experimentan un 20% menos de rotación de personal y un 10% más de productividad. Además, los empleados en estos entornos reportan un mayor sentido de bienestar y compromiso.

La compasión se puede desglosar en tres componentes clave:

1) Reconocimiento del sufrimiento. La capacidad de percibir y reconocer el sufrimiento o las dificultades de los demás. Este primer paso es crucial para cualquier acción compasiva, ya que sin reconocimiento, no puede haber respuesta adecuada.

2) Emoción de compasión. Sentir una preocupación genuina y el deseo de ayudar a quienes están en dificultades. Esta emoción se traduce en una conexión emocional con los problemas de los demás, motivando a los líderes a actuar.

3) Acción compasiva. Tomar medidas concretas para aliviar el sufrimiento y mejorar la situación de los demás. La acción compasiva puede variar desde ofrecer apoyo emocional hasta implementar cambios estructurales que beneficien a todo el equipo.

En el trabajo, seguramente has identificado grandes oportunidades para ser compasivo. No estamos hablando de relajar las reglas o distorsionar los compromisos, sino de genuinamente entender las necesidades de tu equipo para, con una mirada compasiva, analizar las situaciones y ofrecer campos de acción conscientes.

La compasión en el liderazgo implica tomar decisiones que reflejen un equilibrio entre la empatía y la responsabilidad, asegurando que las necesidades humanas no se pierdan en el proceso de cumplir con los objetivos organizacionales.

La neurociencia respalda la importancia de la empatía y la compasión en el liderazgo, revelando que estas cualidades no solo son beneficiosas para el bienestar emocional, sino que también tienen un impacto significativo en la dinámica y el desempeño de los equipos. Cuando los líderes muestran empatía, se activan áreas del cerebro asociadas con el procesamiento de recompensas, lo que motiva a los empleados y fortalece la cohesión del equipo. La compasión, por otro lado, activa el sistema de oxitocina, conocido por fomentar la confianza y la conexión social.

Estudios en neurociencia han demostrado que la práctica regular de la empatía y la compasión puede llevar a cambios neuroplásticos en el cerebro, fortaleciendo las áreas relacionadas con la regulación emocional, la toma de decisiones y la resiliencia. Estos cambios no solo benefician a los líderes en su capacidad para gestionar el estrés y enfrentar desafíos, sino que también mejoran la atmósfera general del lugar de trabajo.

Algunas técnicas prácticas para desarrollar empatía y compasión pueden ser:

1) La escucha activa es fundamental para demostrar empatía. Dedica tiempo a escuchar las preocupaciones y sugerencias de tu equipo sin interrumpir. Esto no solo demuestra respeto, sino que también proporciona una comprensión más profunda de sus necesidades y desafíos. La escucha activa implica prestar atención, hacer preguntas clarificadoras y reflejar lo escuchado para asegurar una comprensión mutua. Este enfoque fortalece las relaciones y ayuda a los líderes a tomar decisiones informadas y empáticas.

2) Agradecer a los miembros del equipo por su esfuerzo y dedicación puede fomentar un ambiente positivo y de apoyo. Estudios muestran que la gratitud en el lugar de trabajo puede aumentar la satisfacción laboral en un 20%. Expresar agradecimiento no solo mejora el bienestar emocional de los empleados, sino que también fortalece la cohesión del equipo y aumenta la motivación. La práctica de la gratitud debe ser genuina y específica, destacando contribuciones

concretas y mostrando aprecio por el esfuerzo individual y colectivo.

3) Ofrecer apoyo y orientación a tus colaboradores, ayudándolos a crecer y desarrollarse tanto profesional como personalmente, es una manifestación concreta de compasión. Este enfoque no solo beneficia al individuo, sino que también fortalece el equipo en su conjunto. La mentoría efectiva implica proporcionar retroalimentación constructiva, identificar oportunidades de desarrollo y ofrecer recursos para el crecimiento. Un líder compasivo se involucra en el desarrollo continuo de su equipo, promoviendo una cultura de aprendizaje y mejora constante.

4) Asegúrate de que todas las voces sean escuchadas y valoradas. La inclusión y la diversidad no solo enriquecen el entorno laboral, sino que también fomentan la creatividad y la innovación, ya que aportan una variedad de perspectivas y experiencias. Un líder consciente reconoce la importancia de un entorno inclusivo y trabaja activamente para eliminar barreras y crear oportunidades equitativas para todos. La diversidad y la inclusión fortalecen el equipo, mejoran la toma

de decisiones y aumentan la satisfacción y el compromiso de los empleados.

5) Los líderes deben ser modelos a seguir en cuanto a empatía y compasión. Al demostrar estos valores en sus propias acciones, inspiran a su equipo a hacer lo mismo. La consistencia en mostrar empatía y compasión en las interacciones diarias establece un estándar para todo el equipo y crea una cultura organizacional basada en el respeto y el apoyo mutuo. Los líderes compasivos no solo hablan sobre la importancia de estos valores, sino que los viven a través de sus acciones cotidianas.

La empatía y la compasión son pilares fundamentales de un liderazgo humano y consciente. Como hemos explorado, la neurociencia nos muestra que estos valores no solo mejoran la dinámica de equipo y la motivación de los empleados, sino que también promueven cambios positivos en el cerebro, fortaleciendo áreas clave para la regulación emocional, la toma de decisiones y la resiliencia.

En un mundo cada vez más interconectado y desafiante, la empatía y la compasión se destacan como cualidades esenciales para los líderes que buscan no solo dirigir con eficacia, sino también inspirar y transformar. Al integrar estos valores en su estilo de liderazgo, los líderes no solo mejoran la cohesión y la productividad del equipo, sino que también promueven un ambiente de trabajo donde todos se sienten valorados y comprometidos. La empatía y la compasión, por tanto, son la esencia de un liderazgo verdaderamente humano y transformador.

El caso de Sofía

Sofía es la directora general de una cadena comercial, conocida por su innovación pero enfrentando recientemente problemas de alta rotación de personal y disminución en la moral del equipo, por lo que decide implementar un enfoque de liderazgo basado en la empatía y la compasión para abordar estos desafíos. Ella comienza con una serie de pasos concretos:

1) Escucha activa. Sofía implementa sesiones semanales de "Café con la Directora", donde se sienta con pequeños grupos de empleados para escuchar sus preocupaciones y sugerencias. Durante estas sesiones, practica la escucha activa, tomando notas y haciendo preguntas clarificadoras para asegurarse de entender completamente las perspectivas de los empleados.

2) Práctica de la gratitud. Se introduce un programa de reconocimiento semanal llamado "Agradecimientos del Viernes", donde los

empleados pueden nominar a sus compañeros por sus esfuerzos y contribuciones. Sofía lidera con el ejemplo, agradeciendo públicamente a diferentes empleados cada semana por su trabajo y dedicación.

3) Mentoría y apoyo. Sofía establece un programa de mentoría donde cada gerente de nivel medio recibe capacitación en habilidades de mentoría y se le asignan empleados para apoyar en su desarrollo profesional y personal. Las sesiones de mentoría se centran en proporcionar retroalimentación constructiva y discutir oportunidades de crecimiento.

4) Inclusión y diversidad. Se forma un comité de diversidad e inclusión para asegurar que todas las voces sean escuchadas y valoradas. Sofía participa activamente en este comité, promoviendo iniciativas que fomenten un ambiente inclusivo, como talleres de sensibilización cultural y políticas de contratación inclusivas.

5) Modelado del comportamiento compasivo. Sofía lidera con el ejemplo, mostrando compasión en sus interacciones diarias. Ella demuestra un interés genuino por el bienestar de sus empleados, tomando medidas concretas para apoyar a aquellos

que enfrentan dificultades personales o profesionales.

Después de seis meses de implementar estas estrategias, la empresa de Sofía observó cambios notables:

- La rotación de personal disminuyó del 25% al 15%, indicando una mejora en la retención de empleados.

- Las encuestas internas mostraron un aumento del 30% en la satisfacción laboral. Los empleados reportaron sentirse más valorados y escuchados.

- Con un ambiente de trabajo más positivo y colaborativo, la productividad aumentó en un 20%. Los equipos se mostraban más dispuestos a colaborar y compartir ideas, lo que llevó a una serie de innovaciones exitosas.

- La cultura de la empresa se transformó, pasando a ser más inclusiva y compasiva. Esto no solo mejoró el clima laboral, sino que también atrajo nuevos talentos interesados en trabajar en un entorno positivo y de apoyo.

El caso de Sofía ilustra cómo la integración de la empatía y la compasión en el liderazgo puede transformar una organización. Demostró que al escuchar activamente, practicar la gratitud, ofrecer mentoría, fomentar la inclusión y modelar el comportamiento compasivo, es posible crear un ambiente de trabajo más humano y productivo. Los resultados positivos en la retención de personal, la satisfacción laboral y la productividad son testimonio del poder de un liderazgo consciente y empático.

Este caso subraya la importancia de estos valores no solo en el ámbito profesional, sino también en el desarrollo personal y el bienestar de los empleados, mostrando que la empatía y la compasión son esenciales para un liderazgo verdaderamente transformador.

Cuestionario de auto verificación

1. ¿Cómo pueden la empatía y la compasión influir en la dinámica del equipo y la productividad?
2. ¿Cuál es la diferencia entre empatía cognitiva y empatía emocional y por qué son ambas importantes para un líder?
3. ¿Cuáles serían tres técnicas prácticas para desarrollar empatía y compasión en el liderazgo?
4. ¿Cómo la neurociencia apoya la práctica de la empatía y la compasión en el liderazgo?
5. ¿Qué cambios neuroplásticos pueden ocurrir con la empatía y la compasión, y cómo benefician estos cambios a los líderes y sus equipos?

(4) Gestión Emocional
Equilibrio para liderar con sabiduría

En el camino hacia un liderazgo consciente, la gestión emocional se convierte en un diferenciador crucial para obtener resultados efectivos y sostenibles. La capacidad de reconocer, comprender y regular nuestras propias emociones y las de los demás no solo es esencial para el bienestar personal, sino también para el éxito organizacional. Un líder que maneja sus emociones puede navegar con sabiduría a través de los desafíos y adversidades, manteniendo la claridad y la calma necesarias para tomar decisiones acertadas y guiar a su equipo con integridad y empatía.

La gestión emocional se puede definir como la habilidad de manejar nuestras emociones de manera constructiva y mantener un equilibrio emocional en diversas situaciones. Para los líderes, esta habilidad es fundamental porque las emociones influyen directamente en la toma de decisiones, la comunicación y la interacción con el equipo. Un líder que comprende y regula sus emociones puede crear un entorno de trabajo positivo, donde los miembros del equipo se sienten valorados, escuchados y motivados.

En la búsqueda de un liderazgo consciente y efectivo, la gestión emocional se erige como un componente indispensable. Desarrollar esta habilidad requiere un enfoque intencional y disciplinado, abarcando varias dimensiones que permiten a los líderes no solo reconocer sus propias emociones, sino también manejarlas de manera constructiva y positiva. A continuación, se presentan los pasos esenciales para cultivar una gestión emocional robusta.

1) El primer paso en la gestión emocional es la conciencia emocional, que implica estar atentos a nuestras propias emociones y comprender cómo estas influyen en nuestros pensamientos y comportamientos. Ser consciente emocionalmente significa reconocer y etiquetar con precisión las emociones que experimentamos, lo cual nos permite analizar su origen y su impacto.

La conciencia emocional también incluye la observación de patrones emocionales recurrentes.

Al identificar situaciones que tienden a desencadenar ciertas emociones, los líderes pueden prepararse mejor para manejar esas emociones de manera efectiva. Herramientas como los diarios emocionales y las técnicas de mindfulness pueden ser útiles para desarrollar una mayor conciencia de las emociones.

2) La siguiente dimensión es la regulación emocional, que se refiere a la capacidad de manejar nuestras emociones de manera que fomenten un equilibrio emocional saludable. Esto incluye el uso de estrategias para gestionar el estrés, la ansiedad y otras emociones negativas, así como la habilidad para cultivar emociones positivas y constructivas. Un líder que domina la regulación emocional puede transformar su enojo en una oportunidad para el diálogo y la mejora.

La regulación emocional también implica la capacidad de mantenerse sereno y centrado en situaciones de alta presión. Los líderes que pueden mantener la calma durante crisis o situaciones estresantes son más capaces de tomar decisiones acertadas y de inspirar confianza en sus equipos. Técnicas como la reestructuración cognitiva, que consiste en cambiar la forma en que interpretamos una situación para alterar su impacto emocional, son fundamentales en este aspecto.

3) Además de gestionar sus propias emociones, los líderes conscientes deben desarrollar la empatía emocional, que es la capacidad de reconocer y comprender las emociones de los demás. La empatía emocional facilita la conexión y la comunicación efectiva, permitiendo a los líderes responder adecuadamente a las necesidades y preocupaciones de su equipo.

Desarrollar la empatía emocional requiere prácticas como la escucha activa, donde el líder presta atención plena a lo que los miembros del equipo están diciendo, tanto verbal como no verbalmente. Preguntar y reflexionar sobre lo escuchado asegura que el líder realmente comprende la perspectiva del otro. Esta habilidad no solo fortalece las relaciones dentro del equipo, sino que también promueve un ambiente de trabajo más inclusivo y armonioso.

4) Finalmente, la motivación emocional es un componente crucial de la gestión emocional. La capacidad de motivarse a uno mismo y a los demás es esencial para crear un ambiente de trabajo

positivo y productivo. Los líderes que pueden inspirar y motivar a su equipo, incluso en tiempos difíciles, fomentan un sentido compartido de propósito y logro. La motivación emocional implica establecer y perseguir metas que sean significativas tanto para el líder como para el equipo, lo que alimenta el compromiso y la dedicación.

Los líderes pueden desarrollar esta habilidad mediante la identificación de valores compartidos y la creación de una visión inspiradora. Celebrar los éxitos, grandes o pequeños, y proporcionar reconocimiento regular también son prácticas efectivas para mantener altos niveles de motivación. Además, fomentar un entorno donde los miembros del equipo sientan que sus contribuciones son valoradas y que tienen oportunidades de crecimiento personal y profesional es clave para mantener la motivación.

Desarrollar estas dimensiones de la gestión emocional no solo fortalece el liderazgo individual, sino que también contribuye al bienestar general del equipo y de la organización.

Continuando con la exploración de la gestión emocional en el liderazgo, es crucial que los líderes no solo reconozcan la importancia de esta habilidad, sino que también adopten prácticas concretas para desarrollarla. Aquí se presentan algunas técnicas efectivas que pueden integrarse en el modelo de gestión emocional de cualquier líder consciente.

1) La atención plena o mindfulness es una técnica poderosa para mejorar la conciencia emocional. Esta práctica implica estar completamente presente en el momento actual, observando las emociones y pensamientos sin juzgarlos. Al hacerlo, los líderes pueden desarrollar una mayor capacidad para identificar y comprender sus emociones, lo que facilita una mejor regulación emocional. La atención plena ayuda a los líderes a responder a las situaciones con claridad y calma en lugar de reaccionar impulsivamente.

2) Las técnicas de relajación son fundamentales para reducir el estrés y promover un estado emocional equilibrado. Estrategias como la respiración profunda, la meditación y el ejercicio físico son altamente efectivas para calmar la mente y el cuerpo. Los líderes que incorporan estas prácticas en su vida diaria están mejor equipados para manejar la presión y los desafíos con serenidad.

3) La resiliencia es la capacidad de recuperarse de las adversidades y mantener una actitud positiva frente a los desafíos. Los líderes pueden desarrollar resiliencia cultivando una mentalidad de crecimiento, estableciendo metas claras y practicando la gratitud. La resiliencia se fortalece a través de la experiencia y la reflexión, aprendiendo de los fracasos y utilizando esas lecciones para crecer y mejorar. Un líder resiliente ve los fracasos como oportunidades de aprendizaje y no se desanima fácilmente por los contratiempos.

4) El feedback constructivo es crucial para el desarrollo emocional tanto del líder como de su equipo. Los líderes que buscan y ofrecen retroalimentación constructiva fortalecen su capacidad de gestión emocional y fomentan un ambiente de aprendizaje continuo. La retroalimentación debe ser específica, centrada en el comportamiento y proporcionada en un contexto de apoyo y respeto.

La implementación de estas prácticas requiere compromiso y dedicación, pero los beneficios a largo plazo para el líder y su equipo son invaluables. Al desarrollar una gestión emocional sólida, los líderes pueden navegar los desafíos con sabiduría y gracia, inspirando confianza en aquellos que los rodean.

La gestión emocional en el liderazgo es una herramienta poderosa que va más allá del bienestar psicológico, impactando profundamente en el rendimiento cognitivo y la salud física. La neurociencia ha demostrado que la práctica regular de técnicas de gestión emocional, como la meditación y el mindfulness, puede inducir cambios neuroplásticos en el cerebro, mejorando la capacidad de regulación emocional, la toma de decisiones y la resiliencia.

Modelar el comportamiento emocionalmente inteligente es crucial. Al demostrar cómo manejar las emociones de manera efectiva en situaciones de alta presión, los líderes no solo establecen un estándar para sus equipos, sino que también crean un entorno en el que los empleados se sienten seguros y apoyados para desarrollar sus propias habilidades de gestión emocional.

El caso de Lucía

Una empresa de tecnología emergente estaba experimentando un rápido crecimiento. Con el aumento del tamaño del equipo y la presión por cumplir con los plazos de los proyectos, los empleados comenzaron a sentir niveles elevados de estrés. El clima laboral se deterioró, la rotación de personal aumentó y la productividad disminuyó.

Reconociendo la necesidad de un cambio, Lucía CEO de la empresa, decidió implementar un programa de gestión emocional para mejorar el bienestar y la efectividad del equipo, basado en las siguientes estrategias:

1) Conciencia emocional. Se implementaron sesiones semanales de mindfulness y meditación guiada para ayudar a los empleados a ser más conscientes de sus emociones y aprender a observarlas sin juzgarlas y se organizaron talleres para ayudar a los empleados a reconocer y

etiquetar sus emociones, comprendiendo su origen y cómo afectan su comportamiento.

2) Regulación emocional. Se introdujeron técnicas de respiración profunda y pausas activas durante la jornada laboral para reducir el estrés y se ofrecieron recursos y asesoramiento para aprender a manejar la ansiedad y fomentar emociones positivas.

3) Empatía emocional. Los líderes fueron capacitados en técnicas de escucha activa para mejorar la comprensión y respuesta a las necesidades del equipo y se crearon espacios regulares para que los empleados compartieran sus preocupaciones y sugerencias en un ambiente seguro y abierto.

4) Motivación emocional. Se estableció un sistema de reconocimiento donde los empleados podían expresar gratitud y reconocer públicamente los esfuerzos de sus compañeros y se implementaron programas de mentoría para ayudar a los empleados a desarrollarse profesional y personalmente.

5) Desarrollo de la resiliencia. Se organizaron talleres para cultivar una mentalidad de crecimiento y enseñar a los empleados a

recuperarse de las adversidades y se fomentó la práctica de la gratitud, alentando a los empleados a reflexionar sobre aspectos positivos de su trabajo y vida personal.

Después de seis meses de implementación, Lucía observó mejoras significativas:

- La rotación de personal disminuyó en un 30%, ya que los empleados se sentían más valorados y apoyados.
- La productividad del equipo aumentó en un 25%, gracias a un ambiente laboral más positivo y motivador.
- El clima laboral mejoró notablemente, con una disminución de los conflictos y un aumento de la colaboración.
- Los empleados reportaron un mayor bienestar emocional y una mejor capacidad para manejar el estrés.

El caso de Lucía demuestra la utilidad y efectividad de implementar un programa de gestión emocional en el liderazgo. Al desarrollar la conciencia, regulación y empatía emocional, así como fomentar la resiliencia y la motivación, los líderes pueden crear un entorno de trabajo armonioso y productivo. La gestión emocional no solo mejora el bienestar de los empleados, sino que también conduce a resultados organizacionales positivos y sostenibles.

Cuestionario de auto verificación

1. ¿Qué es la gestión emocional y por qué es importante para el liderazgo consciente?
2. ¿Cómo puede un líder desarrollar la conciencia emocional y qué beneficios aporta esta habilidad en un entorno de trabajo?
3. Describe dos técnicas de regulación emocional que pueden ayudar a un líder a mantener el equilibrio emocional en situaciones de alta presión.
4. Explica cómo la empatía emocional puede mejorar la conexión y comunicación entre un líder y su equipo.
5. ¿Qué es la motivación emocional y cómo puede un líder utilizarla para inspirar y motivar a su equipo, especialmente durante tiempos difíciles?

(5) Resiliencia
El camino para superar los desafíos

La resiliencia es una palabra que se ha puesto mucho de moda y a menudo se relaciona con el liderazgo, pero su verdadero significado y valor en ocasiones se subestiman. En el capítulo anterior, revisamos cómo es importante el desarrollo de la resiliencia al trabajar la gestión emocional. Por ello, en este capítulo la examinaremos en detalle. Imagina una planta que, a pesar de estar expuesta a fuertes vientos, lluvias torrenciales y un sol abrasador, sigue creciendo, floreciendo y fortaleciendo sus raíces.

Esta es la esencia de la resiliencia: la capacidad de no solo soportar la adversidad, sino también de crecer y prosperar a través de ella. En el ámbito del liderazgo, la resiliencia se convierte en una cualidad indispensable para guiar a los equipos a través de tiempos difíciles hacia el éxito.

La resiliencia en el liderazgo se define como la capacidad de un líder para enfrentar la adversidad, recuperarse y crecer a partir de la experiencia. Un líder resiliente no solo sobrevive a las dificultades, sino que también aprende de ellas, fortaleciendo su capacidad para enfrentar futuros desafíos. Esta habilidad es esencial en el entorno empresarial moderno, caracterizado por la incertidumbre y el cambio constante.

Un estudio de la American Psychological Association encontró que los líderes resilientes son más efectivos en la gestión del estrés y la toma de decisiones, lo que a su vez mejora el rendimiento y la satisfacción del equipo. Además, la resiliencia permite a los líderes mantener una actitud positiva y una mentalidad de crecimiento, inspirando confianza y motivación en sus equipos. Por tanto, la resiliencia no es solo una habilidad deseable; es un componente esencial del liderazgo consciente y transformador.

La resiliencia en el liderazgo es una habilidad multifacética que se construye a partir de varios componentes clave. Estos componentes permiten a los líderes no solo enfrentar y superar los desafíos, sino también crecer y fortalecer su capacidad de liderazgo. A continuación, exploramos cada uno de estos componentes en detalle.

1) La adaptabilidad es la capacidad de ajustar enfoques y estrategias en respuesta a cambios y desafíos. Los líderes adaptables son capaces de reconocer cuando es necesario un cambio de dirección y actúan con flexibilidad para implementar nuevas soluciones. Esta habilidad es crucial en un entorno empresarial en constante evolución, donde la capacidad de adaptarse rápidamente a nuevas circunstancias puede marcar la diferencia entre el éxito y el fracaso. Un líder adaptable no solo reacciona a los cambios, sino que también anticipa y prepara al equipo para posibles futuros desafíos. Esto implica estar abierto a nuevas ideas y enfoques, fomentando un entorno de innovación y aprendizaje continuo.

2) El optimismo es una actitud positiva que ayuda a los líderes a ver las oportunidades en medio de las dificultades. Un líder optimista cree en la posibilidad de superar los desafíos y transmite esta creencia a su equipo. Este componente de la resiliencia no es una negación de la realidad, sino una perspectiva que se enfoca en las soluciones y el crecimiento. El optimismo permite a los líderes mantener la moral del equipo alta durante tiempos difíciles, inspirando confianza y determinación.

3) Una mentalidad de crecimiento es la creencia de que las habilidades y capacidades pueden desarrollarse a través de la perseverancia y el esfuerzo. Los líderes con una mentalidad de crecimiento ven los fracasos como oportunidades para aprender y mejorar. Esta mentalidad fomenta la resiliencia al alentar a los líderes y sus equipos a enfrentar los desafíos con determinación y creatividad. Los líderes con mentalidad de crecimiento son más propensos a tomar riesgos calculados y a innovar, sabiendo que cada experiencia, positiva o negativa, es una oportunidad para el desarrollo.

4) El apoyo social es fundamental para la resiliencia. Los líderes resilientes construyen y mantienen redes de apoyo, tanto dentro como fuera del lugar de trabajo. Estas redes proporcionan recursos emocionales y prácticos que ayudan a los líderes a manejar el estrés y recuperarse de las adversidades. Las relaciones sólidas con colegas, mentores, amigos y familiares ofrecen un respaldo crucial durante tiempos difíciles.

5) El autocuidado es la práctica de cuidar el bienestar físico, mental y emocional. Los líderes que priorizan el autocuidado son más capaces de

mantener su energía y enfoque en tiempos difíciles. El autocuidado incluye actividades como el ejercicio regular, la meditación, el descanso adecuado y la alimentación saludable. Al incorporar el autocuidado en su rutina diaria, los líderes pueden reducir el estrés, mejorar su capacidad de concentración y tomar decisiones más claras y efectivas.

Desarrollar la resiliencia no solo permite a los líderes enfrentar y superar desafíos, sino también crecer y fortalecer su capacidad para guiar a sus equipos hacia el éxito en tiempos difíciles. Un informe de Gallup reveló que los empleados que trabajan bajo líderes resilientes tienen un 70% más de probabilidades de estar comprometidos en su trabajo y muestran una reducción del 40% en los niveles de agotamiento laboral. Estos datos enfatizan la importancia de la resiliencia no solo para el bienestar individual del líder, sino también para el éxito y la sostenibilidad de toda la organización.

¿Estás listo para desarrollar tu resiliencia? Aquí te compartimos algunas estrategias muy interesantes:

1) Implementar rutinas diarias que promuevan el bienestar físico y mental es crucial para desarrollar la resiliencia. Esto puede incluir la práctica regular de ejercicio, una alimentación saludable y técnicas de relajación como la meditación o el yoga. Establecer estas rutinas ayuda a los líderes a mantenerse centrados y energizados, preparados para enfrentar cualquier desafío que se presente.

2) La capacidad de resolver problemas de manera efectiva es crucial para la resiliencia. Los líderes pueden mejorar sus habilidades de resolución de problemas a través de la capacitación y la práctica, aprendiendo a abordar los desafíos con un enfoque lógico y sistemático. Esto incluye identificar la raíz de los problemas, generar soluciones creativas y evaluar la efectividad de las acciones tomadas.

3) Las metas claras y alcanzables proporcionan dirección y propósito, lo que es vital para la resiliencia. Los líderes conscientes buscarán establecer metas que sean específicas, medibles, alcanzables, relevantes y con un límite de tiempo (SMART). Estas metas ayudan a mantener el

enfoque y la motivación, proporcionando una hoja de ruta para superar los desafíos.

4) La comunicación abierta y honesta es esencial para construir la resiliencia en un equipo. Para los líderes, es importante crear un ambiente donde los miembros del equipo se sientan seguros para expresar sus preocupaciones y compartir ideas. La comunicación efectiva incluye escuchar activamente, proporcionar retroalimentación constructiva y abordar los problemas de manera directa y respetuosa.

5) Los líderes exitosos buscan ser modelos a seguir. Al demostrar cómo enfrentar y superar los desafíos con una actitud positiva y una mentalidad de crecimiento, los líderes inspiran a sus equipos a hacer lo mismo. La consistencia en mostrar resiliencia en las interacciones diarias establece un estándar para todo el equipo y crea una cultura organizacional basada en la adaptabilidad y la perseverancia.

La neurociencia ha demostrado que la resiliencia no es solo una cualidad innata, sino que también puede desarrollarse y fortalecerse a través de la práctica y la experiencia. La resiliencia es una cualidad esencial en el liderazgo moderno, permitiendo a los líderes no solo enfrentar y superar los desafíos, sino también crecer a partir de ellos. A lo largo de este capítulo, hemos explorado los componentes clave de la resiliencia. Estos elementos, cuando se integran en el estilo de liderazgo, fortalecen la capacidad de los líderes para guiar a sus equipos con eficacia y confianza, incluso en tiempos de incertidumbre.

Desarrollar la resiliencia no es un proceso rápido, sino un compromiso continuo que implica la implementación de estrategias prácticas y efectivas, que no solo benefician al líder, sino que también crean un entorno de trabajo más saludable, motivado y cohesionado. Por tanto, el impacto de la resiliencia en el liderazgo va más allá del bienestar individual. Los líderes resilientes inspiran a sus equipos a mantenerse comprometidos y a ver las dificultades como oportunidades para el crecimiento. Al adoptar una perspectiva resiliente, los líderes pueden transformar la cultura organizacional, promoviendo un ambiente de aprendizaje continuo y adaptación.

El caso de Camila

Camila es la CEO de una empresa multinacional de consultoría que, en medio de una rápida expansión global, se encontró enfrentando numerosos desafíos. Los empleados reportaban altos niveles de estrés debido a las demandas crecientes y la incertidumbre sobre las nuevas responsabilidades y mercados. La rotación de personal aumentaba y la moral del equipo estaba en declive.

Camila reconoció la necesidad de un cambio drástico en la cultura organizacional y decidió desarrollar un programa integral basado en los componentes clave de la resiliencia y estrategias prácticas para fortalecer esta habilidad en sus líderes y equipos.

1) Adaptabilidad. Se ofrecieron talleres para enseñar a los líderes a adaptarse rápidamente a los cambios y a desarrollar planes de contingencia. Los líderes aprendieron a ajustar sus enfoques y estrategias en respuesta a los nuevos desafíos del

mercado global. Además, se implementaron sesiones regulares de brainstorming para incentivar la creatividad y la apertura a nuevas ideas, promoviendo un entorno de aprendizaje continuo.

2) Optimismo. Se realizaron entrenamientos en técnicas de pensamiento positivo y manejo del estrés. Los líderes aprendieron a ver los desafíos como oportunidades de crecimiento y a transmitir esta actitud a sus equipos. También se estableció un sistema de reconocimiento para celebrar logros, tanto grandes como pequeños, lo que ayudó a mantener la moral alta y el enfoque en las soluciones.

3) Mentalidad de Crecimiento. Se alentó a los líderes a ver los fracasos como oportunidades de aprendizaje mediante talleres y recursos educativos. Los errores se analizaron constructivamente para fomentar una cultura de mejora continua y se implementaron programas de mentoría donde los líderes podían recibir orientación y apoyo continuo, ayudando a desarrollar una mentalidad de crecimiento en toda la organización.

4) Apoyo Social. Se crearon grupos de apoyo y comunidades de práctica donde los líderes podían

compartir experiencias y recursos, fortaleciendo la cohesión y el apoyo mutuo. También se organizaron actividades sociales y eventos de team building para fortalecer las relaciones y el sentido de pertenencia dentro de los equipos.

5) Autocuidado. Se introdujeron programas de bienestar que incluían actividades como yoga, meditación y asesoramiento nutricional. Se promovió una cultura que valoraba el equilibrio entre el trabajo y la vida personal. Además, se alentó a los empleados a tomar descansos regulares y a utilizar sus días de vacaciones para evitar el agotamiento y mantener un alto nivel de energía y concentración.

Después de un año de implementar el programa de resiliencia, la empresa de Camila observó mejoras significativas:

- La rotación de personal disminuyó en un 35%, ya que los empleados se sentían más apoyados y valorados.

- La moral del equipo mejoró significativamente, con un aumento del 40% en las encuestas de satisfacción laboral.

- Los líderes adaptables y resilientes lograron superar los desafíos en los nuevos mercados, implementando estrategias innovadoras que llevaron al éxito en varias regiones nuevas.

El caso de Camila demuestra la utilidad y efectividad de desarrollar la resiliencia en el liderazgo. Al implementar estrategias que fomentan la adaptabilidad, el optimismo, la mentalidad de crecimiento, el apoyo social y el autocuidado, la empresa no solo fortaleció a sus líderes, sino que también creó un entorno de trabajo positivo y productivo. Este enfoque integral permitió a la organización enfrentar los desafíos de la expansión global con confianza y éxito, mostrando que la resiliencia es una habilidad crucial para el liderazgo en tiempos de cambio y adversidad.

Cuestionario de auto verificación

1. ¿Cómo definirías la resiliencia en el contexto del liderazgo y por qué es importante para enfrentar desafíos en el entorno empresarial moderno?

2. Describe cómo la adaptabilidad y el optimismo contribuyen a la resiliencia de un líder. Proporciona un ejemplo de cómo estas cualidades pueden manifestarse en una situación laboral.

3. ¿Qué papel juega una mentalidad de crecimiento en el desarrollo de la resiliencia y cómo puede un líder fomentar esta mentalidad en su equipo?

4. Explora la importancia del apoyo social en la resiliencia de un líder. ¿Cómo pueden los líderes construir y mantener redes de apoyo efectivas?

5. ¿Por qué es crucial el autocuidado para un líder resiliente y qué prácticas específicas pueden adoptar los líderes para asegurar su bienestar físico, mental y emocional?

(6) Inspiración y Motivación
Las claves para liderar con impacto

¿Te has preguntado alguna vez por qué, a pesar de aplicar todas las herramientas de liderazgo, tu equipo no alcanza los resultados esperados? La respuesta podría residir en dos componentes esenciales: la inspiración y la motivación. Estos elementos son los motores que impulsan a un equipo hacia el éxito, no solo manteniendo el entusiasmo y la energía en el entorno laboral, sino también siendo clave para el crecimiento personal y profesional tanto de los líderes como de sus equipos.

La inspiración enciende la chispa de la creatividad y la visión. Es lo que permite a los líderes ver más allá de los desafíos inmediatos, visualizar un futuro lleno de posibilidades y transmitir esa visión a los demás. Por otro lado, la motivación es el combustible que mantiene a las personas comprometidas, perseverantes y enfocadas en sus objetivos, incluso cuando enfrentan dificultades. Mientras la inspiración abre las puertas a nuevas ideas y aspiraciones, la motivación es lo que asegura que esas ideas se conviertan en realidad.

En un entorno empresarial en constante cambio y competencia, la capacidad de inspirar y motivar no es solo una habilidad deseable, sino una necesidad crítica. Un líder inspirado puede conectar a su equipo con un propósito superior, pero es un líder motivador el que ayuda a mantener ese impulso, asegurándose de que el equipo no pierda de vista sus metas.

La inspiración, aunque es una experiencia profundamente personal, puede ser cultivada y potenciada desde el liderazgo consciente. Un líder que entiende cómo despertar la inspiración en su equipo no solo impulsa el compromiso y la creatividad, sino que también genera un sentido de propósito y pertenencia que transforma el entorno laboral. Un estudio realizado por Gallup reveló que los equipos que sienten que su trabajo es significativo y que están inspirados por sus líderes, tienen un 21% más de rentabilidad, un 41% menos de ausentismo y un 59% menos de rotación de personal. A continuación, exploramos algunas estrategias clave para ayudar a tu equipo a reconectar con esa inspiración que los mueve para actuar.

1) La inspiración comienza con una visión clara y apasionada que resuene profundamente con los valores y aspiraciones del equipo. Los líderes inspiradores son capaces de articular una visión del futuro que no solo sea comprensible, sino que también resulte emocionante y significativa para todos los involucrados. Esta visión debe conectar emocionalmente con el equipo, haciéndoles sentir que el trabajo que realizan tiene un propósito mayor.

Es esencial involucrar al equipo en la definición de esa visión para que se sientan partícipes del proceso, asegurando que la visión resuene con su día a día y los inspire a esforzarse por alcanzar objetivos comunes.

2) Un aspecto fundamental de la inspiración es que los líderes deben liderar con el ejemplo. Los miembros de un equipo no se sentirán inspirados si ven que el líder no practica lo que predica. Un líder inspirador es coherente en sus acciones y demuestra compromiso con la visión y los valores

de la organización a través de sus propios comportamientos.

Trabajar con integridad, mostrar resiliencia ante los desafíos y mantener una actitud positiva son elementos esenciales del liderazgo inspirador. Un líder que actúa de manera coherente con los valores de la organización motiva a su equipo a seguir su ejemplo, generando confianza y compromiso.

3) Otro factor crucial para inspirar a un equipo es fomentar la creatividad y la innovación. Un entorno donde se valoran las ideas nuevas y se alienta a tomar riesgos calculados es esencial para mantener viva la inspiración. Los líderes deben crear un espacio seguro donde los colaboradores sientan que pueden expresarse libremente, sin temor al juicio o a las críticas.

Es importante generar un ambiente en el que las ideas sean bienvenidas y valoradas, sin importar cuán inusuales parezcan, y que se celebren los intentos de innovación, incluso si no se traducen de inmediato en éxito tangible. Esto fomenta la proactividad y el compromiso con el trabajo.

La motivación, al igual que la inspiración, es esencial para el éxito sostenido de un equipo, pero requiere de un enfoque continuo y estratégico por parte del líder. Si bien es importante impulsar la motivación en momentos clave, la clave para un liderazgo eficaz radica en mantener esa motivación a largo plazo. A continuación, se presentan algunas técnicas efectivas para lograrlo.

1) Una de las formas más efectivas de mantener la motivación en el equipo es a través del establecimiento de metas claras y alcanzables. Estas metas deben ser SMART: específicas, medibles, alcanzables, relevantes y con un límite de tiempo. Las metas proporcionan un sentido de dirección y propósito, ayudando a los miembros del equipo a concentrarse en lo que realmente importa y a sentir que están avanzando hacia un objetivo significativo.

Para mantener esta motivación a lo largo del tiempo, es importante realizar revisiones periódicas de los objetivos. Estas reuniones permiten evaluar el progreso, ajustar las estrategias si es necesario y asegurar que las metas sigan siendo relevantes y alcanzables. De esta forma, no solo se monitorea el avance, sino que también se fomenta la reflexión, el ajuste continuo y el compromiso con el éxito.

2) El reconocimiento regular y la retroalimentación constructiva son poderosos

motivadores que no solo refuerzan los comportamientos positivos, sino que también muestran a los miembros del equipo que su esfuerzo y dedicación son valorados. Reconocer los logros y proporcionar retroalimentación que ayude a mejorar y crecer es una forma eficaz de mantener el compromiso y la motivación a largo plazo.

Es importante que este reconocimiento sea genuino y personalizado. Los líderes deben asegurarse de tomar el tiempo para reconocer tanto los pequeños logros como las grandes contribuciones. La retroalimentación constructiva debe ser específica, enfocándose en el desarrollo de habilidades y en cómo los colaboradores pueden seguir avanzando. Además, reconocer públicamente los logros destacados puede motivar a otros miembros del equipo a esforzarse aún más, creando un ciclo positivo de motivación.

3) El entorno de trabajo tiene un impacto directo en la motivación. Un ambiente en el que se valoren las contribuciones de todos y se fomente la colaboración y el respeto mutuo es crucial para mantener un alto nivel de motivación. Los líderes deben trabajar para crear una cultura

organizacional que promueva el bienestar físico, mental y emocional de los empleados.

Un entorno positivo se construye a través de la inclusión y el respeto, donde cada miembro del equipo se sienta valorado y apoyado. Además, promover el bienestar integral de los empleados mediante programas que incluyan actividades como meditación, yoga, asesoría psicológica o nutricional es una estrategia clave para demostrar el compromiso de la organización con el bienestar de sus colaboradores. Estas iniciativas no solo mejoran la salud física y mental, sino que también generan un sentido de pertenencia y aprecio que motiva a los empleados a dar lo mejor de sí mismos.

La inspiración y la motivación son pilares fundamentales para un liderazgo consciente y transformador. Mientras que la inspiración enciende la chispa que conecta a los colaboradores con una visión y propósito más amplios, la motivación mantiene el impulso necesario para superar obstáculos y alcanzar los objetivos trazados. Como hemos visto, ambas cualidades, aunque distintas, son complementarias y esenciales para generar impacto duradero en los equipos.

Un líder verdaderamente efectivo es aquel que logra inspirar y motivar de manera constante, asegurando que su equipo no solo se sienta impulsado a alcanzar grandes logros, sino que también mantenga la energía y el compromiso necesarios para sostener el éxito a largo plazo.

El caso de Gabriela

Gabriela está al frente de una empresa de mercadotecnia que, tras varios años de éxito inicial, comenzó a enfrentar una caída en la productividad y el compromiso de los empleados. A pesar de contar con un equipo talentoso y bien capacitado, los líderes notaron que los colaboradores se mostraban desmotivados, lo que se reflejaba en la calidad de los proyectos y el retraso en la entrega de soluciones a los clientes. Ante esta situación, Gabriela decidió adoptar un enfoque más consciente basado en la inspiración y la motivación para transformar la dinámica interna de la empresa.

Gabriela se enfrentaba a los siguientes desafíos:

1) El equipo había perdido la energía inicial y estaba desorientado respecto a los objetivos a largo plazo.

2) Los empleados ya no presentaban ideas nuevas ni asumían riesgos para mejorar los productos y procesos.

3) Los colaboradores no sentían una conexión emocional con los proyectos ni con la misión de la organización.

Con el apoyo de un equipo de consultores se implementó lo siguiente:

1) Comunicación de una visión clara y apasionada. Se revitalizó la visión de la empresa organizando una serie de talleres y reuniones donde se involucró a todos los miembros del equipo en la actualización de la visión a largo plazo. A través de estos espacios colaborativos, los empleados no solo conocieron la nueva visión, sino que participaron activamente en su definición. También se utilizó la narración de historias para conectar emocionalmente a los colaboradores con el impacto positivo que la empresa estaba teniendo en los clientes y en la comunidad.

2) Liderazgo con el ejemplo. Gabriela adoptó un estilo de liderazgo más visible y coherente. Comenzó a mostrar con sus acciones los valores de innovación, resiliencia y colaboración que promovía para la organización. Ante los desafíos del mercado,

Gabriela enfrentó las dificultades con una actitud positiva, manteniendo la calma y tomando decisiones alineadas con los valores de la empresa, lo que motivó a su equipo a seguir su ejemplo.

3) Fomento de la creatividad y la innovación. Para revitalizar la innovación, se crearon espacios de brainstorming abiertos, donde se alentaba al equipo a compartir ideas sin temor al juicio. El equipo fue desafiado a proponer soluciones creativas a problemas complejos, y se reconocieron los esfuerzos, incluso cuando las ideas no se implementaban de inmediato. Esta libertad de expresión permitió a los colaboradores recuperar la pasión por su trabajo.

4) Establecimiento de metas claras y alcanzables. Se implementó un sistema de metas SMART (específicas, medibles, alcanzables, relevantes y con tiempo definido) para cada proyecto. Estas metas daban al equipo una dirección clara y tangible, aumentando su sentido de logro y propósito. Además, se organizaron reuniones periódicas para revisar el progreso y ajustar las metas cuando fuera necesario, asegurando que el equipo siempre estuviera enfocado en objetivos relevantes.

5) Reconocimiento y retroalimentación constante. Se introdujo un sistema de reconocimiento público y privado. Los logros sobresalientes eran reconocidos en las reuniones generales, mientras que Gabriela se tomaba el tiempo para enviar mensajes personalizados de agradecimiento a los empleados que se destacaban en sus labores. Esto generó un ambiente de mayor aprecio, motivando al equipo a seguir esforzándose.

6) Creación de un entorno de trabajo positivo. Gabriela puso en marcha iniciativas de bienestar para mejorar el ambiente de trabajo. Se implementaron programas de bienestar físico y mental, que incluían clases de yoga y asesoría nutricional, lo que no solo mejoró la salud general del equipo, sino que también fomentó un ambiente de respeto y apoyo mutuo.

Tras seis meses de implementar estas estrategias, la empresa experimentó un cambio significativo:

- La participación en proyectos creció un 30%, y los plazos de entrega se redujeron debido al aumento de la motivación y al enfoque en metas claras.

- El equipo comenzó a proponer nuevas ideas y enfoques para los productos y servicios, lo que resultó en el lanzamiento exitoso de dos nuevas campañas comerciales en menos de un año.

- Las encuestas internas mostraron un aumento del 40% en la satisfacción laboral, y el equipo expresó sentirse más conectado con la visión de la empresa y con su papel dentro de ella.

El caso demuestra la importancia de integrar la inspiración y la motivación en el liderazgo para transformar la cultura organizacional. Gabriela no solo logró alinear a su equipo con una visión renovada, sino que también implementó estrategias para mantener la motivación a largo plazo. Esto no solo mejoró la productividad y el compromiso, sino que también fomentó un entorno de trabajo más saludable, innovador y colaborativo.

Cuestionario de auto verificación

1. ¿Cuál es la diferencia entre inspiración y motivación en el liderazgo, y por qué es importante que los líderes comprendan cómo se complementan?
2. Describe cómo un líder puede comunicar una visión clara y apasionada para inspirar a su equipo.
3. ¿Por qué es fundamental que un líder lidere con el ejemplo, y cómo puede este enfoque impactar la motivación y el compromiso del equipo?
4. ¿Cómo puede un líder fomentar la creatividad y la innovación dentro de su equipo para mantener la inspiración a largo plazo?
5. Explica cómo establecer metas claras y proporcionar retroalimentación regular ayuda a mantener la motivación del equipo a largo plazo. ¿Qué beneficios tiene este enfoque para el desarrollo y la productividad del equipo?

(7) Expansión de la Consciencia
Liderazgo hacia la transformación

Estamos llegando al final de nuestro recorrido, y en este punto está más claro que nunca que el liderazgo en el siglo XXI ya no puede limitarse a la gestión de personas para alcanzar objetivos organizacionales. La complejidad del mundo actual y los desafíos globales exigen un liderazgo consciente, capaz de expandir la visión de las empresas más allá de los beneficios financieros.

Esta expansión de la consciencia es un concepto profundamente transformador, que implica no solo un autoconocimiento profundo, sino también la capacidad de guiar a otros hacia un sentido de propósito, responsabilidad social y bienestar integral.

La expansión de la consciencia en el liderazgo significa desarrollar una sensibilidad hacia nuestro entorno, nuestras acciones y el impacto que generamos en el equipo, la sociedad y el medioambiente. Implica una transición desde una mentalidad orientada a la supervivencia y los beneficios a corto plazo hacia una mentalidad de sostenibilidad, empatía y responsabilidad. Para los líderes conscientes, esta transformación se convierte en un llamado a ver a sus equipos y a la organización como partes de un ecosistema interconectado.

Esta consciencia ampliada es la base para cualquier cambio verdadero y sostenible en el liderazgo. Aquí, podemos entender:

- Consciencia, como el despertar a una visión más amplia, tanto interna como externa, que permite al líder reconocer patrones, oportunidades y desafíos con mayor claridad.

- Transformación, no como un cambio superficial o de hábitos, sino como un proceso profundo de reconexión con las propias creencias, valores y propósito.

La expansión de la consciencia en el liderazgo empresarial es un proceso continuo que, lejos de ser abstracto, se traduce en una práctica diaria de autoconocimiento, responsabilidad social y empatía. Este proceso puede dividirse en tres niveles:

1) La expansión de la consciencia personal. Este nivel se centra en el desarrollo interno del líder y en su capacidad de conectar con un propósito más profundo y trascendente. Encontramos varios elementos clave:

- Autoconocimiento. El autoconocimiento es el punto de partida para cualquier líder consciente. Consiste en descubrir las creencias, valores y motivaciones que guían sus acciones y decisiones. Solo a través de un conocimiento profundo de sí mismo, un líder puede actuar de manera auténtica y coherente. Este proceso implica reconocer tanto las fortalezas como las limitaciones o sombras personales que puedan influir en el liderazgo y en las interacciones con los demás.

- Gestión Emocional. Las emociones son una brújula interna que guía a los líderes en su proceso de toma de decisiones. Un líder consciente no ignora ni reacciona automáticamente ante sus emociones, sino que las observa y utiliza esa observación para actuar de forma equilibrada. La gestión emocional permite mantener la calma en momentos de tensión, generando un ambiente de trabajo estable y confiable.

- Vivir desde el Propósito. La expansión de la consciencia personal también implica alinear la vida y las decisiones con un propósito mayor. Este propósito va más allá de las metas inmediatas y los logros profesionales; se trata de conectar con un sentido más profundo de contribución y trascendencia. Cuando un líder vive desde su propósito, cada decisión y cada acción se convierte en una expresión de ese llamado interior, lo que le permite tomar decisiones con impacto positivo y duradero.

En este nivel de expansión, el líder comienza a ver su vida y su trabajo como una oportunidad de crecimiento y servicio, lo cual sienta las bases para un liderazgo transformador.

2) La consciencia relacional es el siguiente nivel en la expansión de la consciencia en el liderazgo transformador. Abarca la manera en que los líderes interactúan con los demás, estableciendo relaciones que no solo promuevan la colaboración, sino que también profundicen la conexión humana en el entorno laboral. Un líder que ha desarrollado esta consciencia relacional entiende que el verdadero impacto de su liderazgo reside en la calidad de las relaciones que construye. Entre los

componentes clave de la consciencia relacional encontramos:

- Escucha Activa y Empatía. La escucha activa y la empatía son esenciales en el liderazgo transformacional. Un líder consciente escucha sin juicios, desde un lugar de conexión genuina. Esta habilidad permite captar no solo las palabras, sino también las emociones y necesidades subyacentes de los demás. Al practicar la empatía, el líder establece una conexión emocional que fomenta un ambiente de respeto y comprensión, en el que los colaboradores se sienten valorados y comprendidos.

- Comunicación Consciente. La consciencia relacional también se expresa a través de una comunicación consciente. Esto significa que el líder no solo presta atención al contenido de sus palabras, sino también al tono, el momento y la forma en que las transmite. Un líder consciente es consciente del impacto que sus palabras pueden tener en el estado emocional y en la motivación de su equipo. De esta forma, la comunicación se convierte en una herramienta de transformación que fortalece las relaciones y alinea a los colaboradores con el propósito común.

- Fomento del Crecimiento de los Otros. La consciencia relacional incluye el compromiso de apoyar y reconocer el potencial de crecimiento de quienes rodean al líder. En lugar de centrarse únicamente en los resultados inmediatos, un líder consciente también ve a cada miembro del equipo como un ser en desarrollo y busca oportunidades para contribuir a su progreso personal y profesional. Este enfoque genera un entorno donde cada persona se siente impulsada a dar lo mejor de sí misma y a crecer junto con el equipo.

En este nivel de consciencia relacional, el liderazgo deja de ser un ejercicio de autoridad para convertirse en una práctica de servicio, centrada en el bienestar y el desarrollo de los demás.

3) El nivel más avanzado en la expansión de la consciencia en el liderazgo transformacional es la consciencia sistémica. En este nivel, el líder adquiere la capacidad de ver más allá de su equipo y de su organización, comprendiendo que todas las partes de un sistema están interconectadas y que cada acción tiene un impacto que va más allá del ámbito inmediato. Esta visión amplia permite que el líder actúe con una responsabilidad que se extiende hacia la sociedad y el entorno. Entre los

componentes clave de la consciencia sistémica se destacan:

- Pensamiento Sistémico. Un líder con consciencia sistémica desarrolla un pensamiento sistémico, que le permite ver las interrelaciones dentro de la organización y comprender cómo sus decisiones afectan al sistema en su conjunto. Este enfoque requiere la capacidad de observar patrones, identificar conexiones y anticipar las consecuencias de las acciones en los distintos niveles de la organización. Un líder con esta visión entiende que el éxito de cada área depende de un equilibrio y colaboración continua entre todas las partes del sistema.

- Sostenibilidad y Responsabilidad Social. La consciencia sistémica también implica una profunda preocupación por el impacto del liderazgo en el medio ambiente, la sociedad y las generaciones futuras. Un líder que ha desarrollado esta consciencia considera no solo los beneficios financieros inmediatos, sino también la sostenibilidad de sus decisiones a largo plazo. La responsabilidad social, en este sentido, se convierte en un principio rector que guía cada acción y estrategia, asegurando que el crecimiento de la organización se realice de manera ética y respetuosa con el entorno.

- Cocreación de un Futuro Mejor. La consciencia sistémica lleva al líder a enfocarse en la cocreación de un futuro beneficioso para todas las partes interesadas. Esto implica ver más allá del beneficio inmediato, hacia la creación de soluciones y estrategias que generen un impacto positivo y duradero. Un líder con consciencia sistémica colabora con su equipo, la comunidad y otros actores para construir un futuro que beneficie no solo a la organización, sino también a la sociedad en su conjunto.

La consciencia sistémica transforma el liderazgo en una fuerza de cambio positiva que reconoce y respeta la interdependencia de todos los elementos del sistema. Este enfoque permite al líder actuar con una visión ampliada, guiada por la sostenibilidad, la responsabilidad y el compromiso de cocrear un entorno más equilibrado y justo para todos.

La expansión de la consciencia en el liderazgo no es un destino final, sino un viaje continuo hacia el autoconocimiento y el compromiso con los demás. Un líder verdaderamente transformacional asume la responsabilidad de este proceso, reconociendo que el crecimiento personal y el impacto positivo en el mundo son tareas permanentes y profundamente interconectadas. A través de la consciencia personal, relacional y sistémica, el líder es capaz de crear una transformación no solo en su entorno inmediato, sino en la comunidad y en el sistema global en el que se inserta.

Técnicas como el coaching ejecutivo y la mentoría brindan herramientas que permiten al líder reflexionar sobre sus acciones, identificar áreas de mejora y tomar decisiones más conscientes. Este tipo de acompañamiento es fundamental para fortalecer el proceso de crecimiento continuo, ayudando al líder a mantener una práctica de introspección y ajuste constante.

La expansión de la consciencia también se enriquece mediante la diversidad y la inclusión, ya que al abrirse a diferentes perspectivas, el líder se convierte en un agente de cambio más equitativo y justo. Esta apertura no solo promueve una visión más amplia y comprensiva, sino que también fortalece la capacidad del líder para tomar decisiones equilibradas y éticas.

La sostenibilidad se convierte en un eje central de la expansión de la consciencia, guiando a los líderes a integrar prácticas responsables en todas sus decisiones. Un liderazgo consciente entiende que el impacto va más allá de los beneficios inmediatos y se enfoca en generar un valor que respete y preserve el entorno para las futuras generaciones.

En última instancia, la expansión de la consciencia en el liderazgo es un proceso transformador que invita a cada líder a preguntarse: ¿estoy dispuesto a liderar con una visión más amplia y a contribuir a un cambio real y significativo? Esta perspectiva permite que los líderes y sus organizaciones no solo logren éxito en sus metas, sino que también se conviertan en motores de un impacto positivo y duradero para el planeta y la sociedad en su conjunto.

El caso de Daniela

Daniela está al frente de una empresa de consultoría ambiental comprometida con el desarrollo de proyectos sostenibles para sus clientes. Sin embargo, a pesar de su enfoque en la sostenibilidad, enfrentaba problemas internos: los equipos carecían de cohesión, los líderes se centraban únicamente en resultados financieros y, a nivel de responsabilidad social, las iniciativas de la empresa eran esporádicas y desconectadas de la comunidad local. Reconociendo la necesidad de una transformación, Daniela decidió implementar una estrategia de liderazgo consciente basada en la expansión de la consciencia personal, relacional y sistémica.

Daniela se enfrentaba a múltiples desafíos:

1) Desconexión entre los valores de sostenibilidad y la cultura interna. Los equipos no se sentían realmente alineados con los valores de sostenibilidad y responsabilidad.

2) Falta de cohesión y colaboración. Las relaciones entre los líderes y los equipos eran formales y poco profundas, limitando el potencial de colaboración.

3) Impacto limitado en la comunidad y el medioambiente. Las acciones de responsabilidad social se percibían como meramente simbólicas, sin un impacto real.

Implementación de la Expansión de la Consciencia en Tres Niveles:

1) Consciencia Personal. Daniela comenzó su transformación con el desarrollo del autoconocimiento entre los líderes de la empresa. Implementó sesiones de coaching ejecutivo y mentoría, donde cada líder reflexionaba sobre sus motivaciones, creencias y valores. A través de esta introspección, los líderes comenzaron a alinear sus decisiones con un propósito más profundo, centrado no solo en el éxito financiero, sino en el bienestar y la integridad en el trabajo. Además, se introdujo una práctica regular de gestión emocional, ayudando a los líderes a responder de manera equilibrada y consciente, incluso en momentos de alta presión.

2) Consciencia Relacional. Para mejorar la cohesión del equipo, Daniela promovió el desarrollo de una cultura basada en la empatía y la comunicación consciente. Los líderes aprendieron técnicas de escucha activa y comenzaron a practicar la empatía en sus interacciones, fomentando un ambiente donde cada miembro se sintiera valorado. Se realizaron talleres sobre comunicación consciente, donde los líderes y colaboradores exploraron la importancia del impacto de sus palabras y acciones. Además, se establecieron programas de desarrollo profesional para cada miembro del equipo, con el objetivo de apoyar su crecimiento y reconocer su potencial a largo plazo.

3) Consciencia Sistémica. A nivel sistémico, Daniela rediseñó la estrategia de sostenibilidad para que tuviera un impacto real y duradero. La empresa integró prácticas sostenibles en toda su cadena de valor, promoviendo alianzas con proveedores éticos y desarrollando proyectos que consideraran no solo los beneficios para los clientes, sino también el impacto en el medioambiente y la comunidad local. Además, Daniela fomentó una cultura de cocreación, invitando a los empleados a participar activamente

en el diseño de iniciativas de responsabilidad social que beneficiaran tanto a la empresa como a la sociedad. De esta forma, la empresa se convirtió en un agente de cambio que contribuye positivamente al entorno en el que opera.

Tras un año de implementar estas estrategias de expansión de la consciencia, la empresa de Daniela observó resultados significativos:

- Mayor alineación con los valores de sostenibilidad. Los equipos se sintieron más conectados con la misión de la empresa, logrando un alineamiento profundo entre los valores organizacionales y la cultura interna.

- Aumento de la cohesión y la colaboración. La calidad de las relaciones mejoró significativamente, con un ambiente de respeto y apoyo mutuo que impulsó la colaboración y la creatividad en los proyectos.

- Impacto positivo en la comunidad y el medioambiente. Las iniciativas de responsabilidad social y sostenibilidad se volvieron más coherentes y generaron un impacto tangible, fortaleciendo la reputación de la empresa y aumentando el compromiso de sus colaboradores.

El caso de la empresa de Daniela muestra cómo la expansión de la consciencia en el liderazgo puede transformar profundamente una organización. Al desarrollar la consciencia personal, relacional y sistémica, la empresa no solo mejoró la cohesión y el compromiso interno, sino que también logró un impacto significativo en su comunidad y en el medioambiente, convirtiéndose en un ejemplo de liderazgo consciente, demostrando que cuando los líderes priorizan el bienestar integral y la responsabilidad social, el éxito organizacional se vuelve más significativo y sostenible.

Cuestionario de auto verificación

1. ¿Qué significa la expansión de la consciencia en el liderazgo y por qué es fundamental para un liderazgo transformacional en el siglo XXI?
2. Describe en qué consiste la consciencia personal en el liderazgo y cómo influye en la toma de decisiones de un líder.
3. ¿Por qué es esencial desarrollar una consciencia relacional en el liderazgo y cuáles son algunos de los aspectos fundamentales para construir relaciones basadas en la confianza y la empatía?
4. Explica el concepto de consciencia sistémica y cómo un líder puede utilizar esta visión para impulsar un cambio positivo en su entorno.
5. ¿Qué técnicas podrían ser más útiles para que un líder desarrolle y mantenga una expansión de la consciencia, y cómo pueden estas técnicas contribuir al éxito organizacional?

Sobre los Autores

Doraly Mayorga

Es una reconocida conferencista, autora y coach empresarial de prestigio internacional, con más de 15 años de experiencia en el mundo del desarrollo humano. Apasionada por empoderar a las personas para reconectar con su mejor versión, ha trabajado con cientos de ejecutivos en programas de Coaching, impulsándolos a transformar sus habilidades de liderazgo y comunicación.

Cuenta con certificaciones en Coaching Ejecutivo, de Equipos y de Vida por la ICC, y posee Maestrías en Terapia Gestalt, Desarrollo Humano, Desarrollo Organizacional y Recursos Humanos. Su perfil profesional incluye también certificaciones internacionales en Programación Neurolingüística, Lidereando con Mente y Emoción y Heal Your Life, que enriquecen su enfoque integral para lograr cambios profundos y efectivos

Ha impactado a miles de personas con sus conferencias, habiendo llevado su mensaje de cambio a audiencias en eventos internacionales como el Congreso Mundial de Desarrollo Personal, México para el Mundo, Cumbre Empresarial y colaborado con grandes empresas de renombre internacional, siempre con su lema "De la Concientización a la Acción".

Así mismo es autora del libro "Muero de Miedo", una guía práctica para vivir desde la confianza, con el cual ha impulsado a un sin número de personas a vivir de la mano de la confianza. Vive su misión de vida al poner la sabiduría del corazón al servicio de los demás gracias a su metodología "Mente, Emoción y Acción" logrando así guiar a otros hacia una vida plena y consciente que los reconecte con su verdadero potencial.

José Manuel Vega Báez

Reconocido internacionalmente por su experiencia y conocimientos en liderazgo, gestión y emprendimiento, es un prolífico escritor originario de la Ciudad de México que, con más de 35 libros publicados, muchos de ellos bestsellers, está considerado como el autor de liderazgo más prominente del mundo hispanohablante, impactando a miles de lectores en los cinco continentes.

De su extensa obra escrita destaca Rumbo a la Cima (México 2002), libro reeditado en su décimo aniversario por Grupo Nelson (EEUU 2013), que fue seleccionado como el bestseller de liderazgo más representativo de México por la Amsterdam University of Applied Sciences en su publicación "Delineating Leadership: cross-cultural empirical analyses of localised leadership practices" (Países Bajos 2021).

Como conferencista y facilitador ha compartido su mensaje lleno de saber, de ánimo y de acción, en cientos de eventos y decenas de países. Sus ideas también se publican como artículos en diversos medios digitales multinacionales.

Es catedrático de prestigiosas universidades a nivel licenciatura, maestría y doctorado, en temas de liderazgo, gestión y emprendimiento. Su formación académica de posgrado incluye dos doctorados: Administración de Negocios y candidato en Procesos Sociales, tres maestrías: Ingeniería Empresarial, Pensamiento de Sistemas y Dirección de Empresas, así como estudios formales sobre diversos temas, incluyendo Inteligencia Artificial, con la que potencia su actividad docente y profesional.

Su amplia trayectoria empresarial y su exitosa experiencia directiva en la iniciativa privada, el sector público, agrupaciones deportivas e instituciones educativas, lo respaldan en su quehacer profesional como consejero, consultor y socio fundador de SERIE CIMA, firma especializada en soluciones de liderazgo. Su acervo completo incluye los siguientes títulos:

1. Modelo de Estudio Curricular Post-Maestría en el Área de Sistemas (1991)
2. Introducción al Estudio del Pensamiento Transdisciplinario (1992)
3. Creatividad e Innovación en la Administración (1993)
4. Un Rostro Incompleto (1994)
5. Diseño del Sistema de Información de una Empresa (1995)
6. Secretos de Empresa (1995)
7. Modelación Estructural de Sistemas (1996)
8. Primera Guía de Acciones Emprendedoras (1998)
9. Rumbo a la Cima –novela para el nuevo líder (2002)
10. ¿Ya Encontraste tu Queso? –un cuento para nuevos líderes (2005)
11. Un Líder para México 2006 (2006)
12. Propuesta para la Valoración del Nivel de Liderazgo en Funcionarios Públicos de Alto Perfil (2007)
13. La Biblia de la Motivación –obra en coautoría (2008)
14. Liderazgo en Tiempos de Crisis (2009)

15. Lecciones de Liderazgo de los Directores Técnicos del Mundial (2010)
16. Adriana –un relato de liderazgo juvenil (2011)
17. 250 Cápsulas de Liderazgo (2012)
18. Liderazgo en la Cumbre –obra en coautoría (2012)
19. Liderazgo: diez años de aportaciones (2012)
20. Rumbo a la Cima 10 –sé un líder de alto desempeño (2013)
21. Mi Líder Favorito (2014)
22. Mucho Éxito en tu Negocio Propio: los cimientos del liderazgo emprendedor (2015)
23. 500 Cápsulas de Liderazgo (2016)
24. Ahí Viene un Tiburón –cómo ser un buen líder ante la adversidad (2017)
25. Liderazgo Mundialista 2018 (2018)
26. Liderazgo Sobresaliente (2018)
27. 15 Poderosas Lecciones de Liderazgo (2019)
28. 777 Frases de Liderazgo (2019)
29. Jesús Líder (2020)
30. 21 Reglas de Liderazgo para Superar la Crisis (2020)
31. Panis Dux –panis [pan] dux [líder] (2021)
32. La Cima del Liderazgo –antología (2021)

33. Evolución de los Modelos de Liderazgo Empresarial (2023)
34. Liderazgo Prospectivo 2024 (2023)
35. Liderazgo de Equipos de Alto Desempeño (2024)
36. Liderazgo Multigeneracional (2024)
37. **Liderazgo Consciente y Acción Transformadora –obra en coautoría (2024)**

José Manuel Vega Báez

@jmvegabaez en redes sociales

www.ingramcontent.com/pod-product-compliance
Lightning Source LLC
Chambersburg PA
CBHW071558220526
45469CB00003B/1056